ERA MUITO COMUM OS PIRATAS TEREM PAPAGAIOS COMO BICHINHOS DE ESTIMAÇÃO. ESSES ANIMAIS TINHAM ALTO VALOR NOS MERCADOS DE AVES. PINTE ESTA MASCOTE.

ESTE ERA UM DOS SÍMBOLOS UTILIZADOS NAS BANDEIRAS DOS NAVIOS PIRATAS PARA QUE ELES FOSSEM IDENTIFICADOS, E É O MAIS CONHECIDO ATÉ HOJE. PINTE-O.